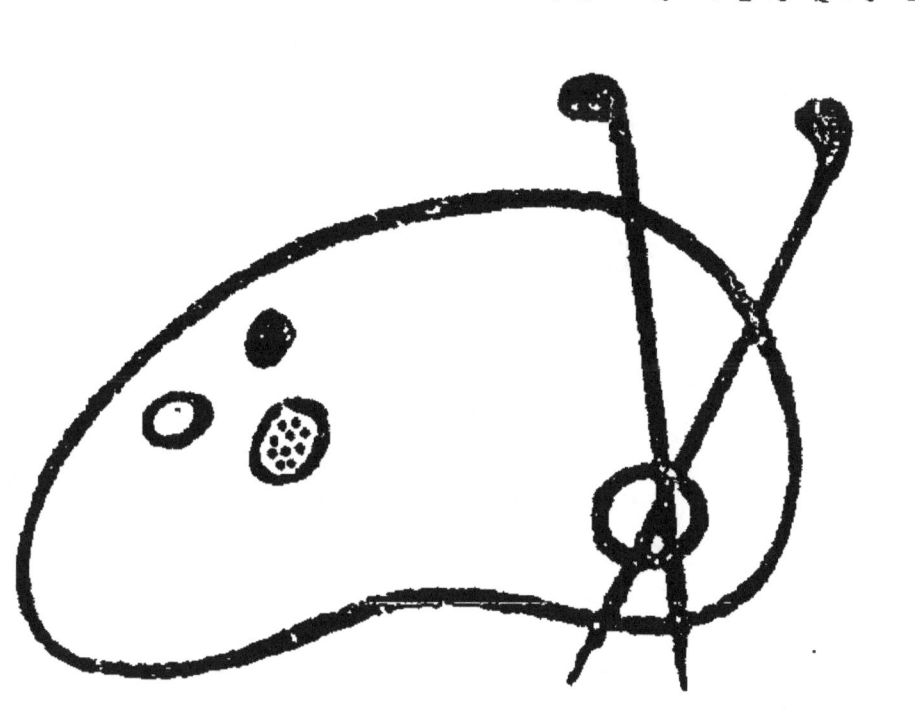

Début d'une série de documents en couleur

LA CESSION

DE LA

MAIRIE DE PONTPOINT

A

L'ABBAYE DU MONCEL

en 1364

Par M. l'Abbé MOREL,

Curé de Chevrières,
Correspondant du Ministère de l'Instruction publique
et du Comité Archéologique de Senlis,
Officier d'Académie,
Chevalier de l'ordre royal d'Isabelle-la-Catholique, etc.

(*Extrait des Mémoires du Comité Archéologique de Senlis*).

SENLIS
IMPRIMERIE EUGÈNE DUFRESNE,
4, Rue du Puits-Tiphaine, 4
1889

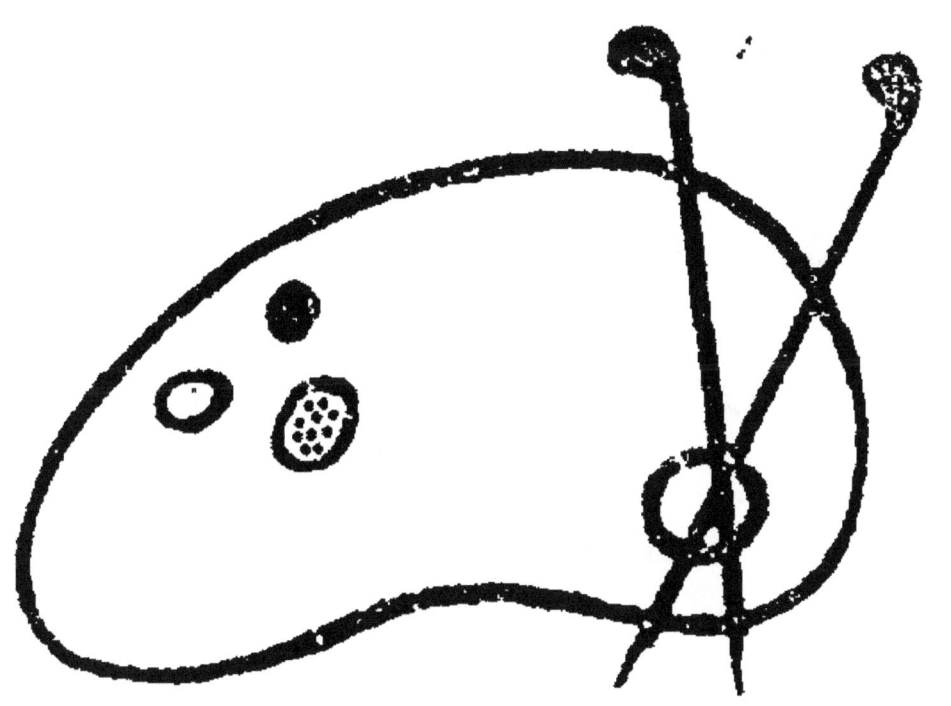

Fin d'une série de documents en couleur

LA CESSION

DE LA

MAIRIE DE PONTPOINT

A

L'ABBAYE DU MONCEL

en 1364

Par M. l'Abbé MOREL,

Curé de Chevrières,
Correspondant du Ministère de l'Instruction publique
et du Comité Archéologique de Senlis,
Officier d'Académie,
Chevalier de l'ordre royal d'Isabelle-la-Catholique, etc.

(*Extrait des Mémoires du Comité Archéologique de Senlis*).

SENLIS
IMPRIMERIE EUGÈNE DUFRESNE,
4, Rue du Puits-Tiphaine, 4
1899

LA CESSION DE LA MAIRIE DE PONTPOINT
A L'ABBAYE DU MONCEL
en 1364.

Pontpoint[1] (Oise) est un village, comprenant cinq hameaux : le Moncel, où jadis était un monastère de clarisses ; Saint-Paterne, où Boileau, le satirique, posséda pendant huit ans le prieuré de Saint-Nicolas ; Saint-Gervais et Saint-Pierre, dont les églises offrent de très beaux spécimens d'architecture romane ; enfin Moru ou Mauru, longtemps annexé à la seigneurie de Roberval. Saint-Gervais, son chef-lieu, est situé à 4 kilomètres de Pont-Sainte-Maxence, à l'est.

Ce village, que Charles le Chauve appelait, en 842, *fiscus noster qui dicitur fiscus Levandriacus, alio autem nomine Pomponnus*[2], était entré, lors de l'invasion franque, dans le domaine du fisc royal. La reine Adélaïde, mère de Louis VII, dit le jeune, le posséda dans son douaire, et lui donna vraisemblablement sa charte de commune, comme elle fit pour Royallieu, l'an 1153. C'est ce qu'elle nous laisse entendre, dans une

---

[1] Notice lue au Congrès des sociétés savantes à la Sorbonne en 1895. Voir le compte-rendu qui en a été fait dans le *Bulletin Historique et Philologique du Comité des Travaux historiques*, 1895, p. 328-329.

[2] GALLIA CHRIST., T. VIII, Instrum., col. 411.

charte qu'elle fit rédiger, en cette même année, à Senlis, par le chancelier Ebroin, en faveur des religieuses bénédictines de Saint-Remy de Senlis. Après leur avoir accordé l'exemption de toute redevance, pour une maison qu'elles possédaient à Pontpoint, *in villa quæ Pompoin dicitur*, elle ajoute : Nous concédons aux hôtes qui demeureront en cette maison tous les usages et toutes les coutumes villageoises, dont on sait que jouissent nos hôtes, tant en forêt qu'en plaine [1]. Quels étaient ces privilèges ? Nous avons tout lieu de croire qu'ils étaient les mêmes que ceux dont fut gratifié Royal-lieu.

Ces franchises communales pouvaient faire grand plaisir aux populations ; mais elles n'étaient pas sans inconvénient. Aussi, l'an 1182, voyons-nous les habitants de Pontpoint céder tous les droits utiles de leur mairie à Hilduin, trésorier de la collégiale de Saint-Frambourg de Senlis. Ils lui abandonnent trois setiers de grain de redevance, deux sous de cens et tout le revenu du domaine communal. Sans doute, ils ne pouvaient plus déjà payer leurs dettes et le trésorier les prenait à sa charge. Une charte royale, datée de Béthisy, ratifia ces conventions [2].

Le nouveau régime ne dura pas un siècle. Les trésoriers de Saint-Frambourg cherchèrent à tirer de la mairie de Pontpoint tout le bénéfice possible, et ne tardèrent pas à empiéter sur les attributions de la commune. L'accord cessa de régner. L'intervention de Saint-Louis devint nécessaire [3].

Les trésoriers de Saint-Frambourg revendiquaient le champart sur 70 arpents (25 hect. 21 ares 24 cent.) de terre, la dîme sur 50 arpents (18 hect.) sis au lieu dit les Gréelles, sept muids quatre setiers (14 hectol. 58 l.) de vinage, dix arpents (3 hect. 60 a. 17 c.) de pré, le long de l'Oise, deux arpents (72 a. 35 c.) de vigne, au clos Doret, à Saint-Paterne, sept sous de menu cens, les lods et ventes, ainsi que toute la justice et toute la seigneurie avec les amendes, sur le territoire de la commune. Le maire et les communiers de Pontpoint, tout en reconnais-

---

[1] Documents, n° I.
[2] Documents, n° II.
[3] Documents, n° III.

sant comme bien fondées les prétentions de la collégiale de Saint-Frambourg sur les revenus, se refusaient à la laisser usurper la justice et les amendes. Le différend fut vidé de la manière suivante, en présence du seigneur roi. Le trésorier renonça à tous ses droits sur la commune, moyennant une redevance de quarante livres parisis qu'on lui payerait chaque année à Senlis, dans l'église de Saint-Frambourg, le quatrième dimanche de Carême où l'on chante *Lætare Jerusalem*, sous peine de cinq sous d'amende pour chaque jour de retard dans le payement [1]. L'acte fut dressé à Creil au mois de mars 1258 [2].

La paix était rétablie entre la collégiale de Saint-Frambourg et la commune de Pontpoint; mais les finances de cette dernière n'en étaient pas plus prospères.

Au mois d'avril 1300, Philippe le Bel fonda l'abbaye du Moncel et y installa des religieuses de sainte Claire [3]. Dix ans plus tard, au mois de juin 1319, Philippe le Long, son fils, assigna au monastère 64 livres parisis de rente, à prendre annuellement sur la commune de Pontpoint [4]. Pontpoint avait, il est vrai, son autonomie communale, depuis près de deux siècles, comme nous venons de le voir; mais le prince n'y percevait pas moins les droits attachés à sa prévôté royale. Les religieuses du Moncel, ainsi substituées au roi, ne réussirent pas toujours à se faire payer de la commune de Pontpoint. Au bout de quarante-cinq ans, en 1364, leur créance s'était singulièrement accrue. Les habitants de Pontpoint comprirent qu'ils ne

---

[1] Documents, n° IV.

[2] Suivant le vieux style, l'année 1258, commencée au 24 mars, ne prit fin que le 13 avril 1259.

[3] GALLIA CHRIST., T. X, Instrum. col. 270.

[4] Chartre du roy Philippe le Long par laquelle il confirme celle de Philippe le Bel et assigne aux Dames du Moncel 400 livres 10 sols parisis de rente en diminution des mille livres à elles laissées par le dit Philippe le Bel. (Original en parchemin aux Archives de l'Oise, fonds de l'Abbaye du Moncel).

Assidemus ac tenore presentium importunum assignamus percipiendas et habendas ab eisdem sororibus ... sexaginta quatuor libras parisienses quas debet solvere et tenetur communia de Pomponte annuatim.

Actum Parisius, anno Domini M° CCC° XIX°, mense junio.

pouvaient se libérer envers l'abbaye qu'en se dessaisissant, une fois encore, de tous les droits utiles de leur mairie, comme jadis, en 1182, ils l'avaient fait, en faveur du trésorier de Saint-Frambourg. Alors intervint un accord qui mit fin à leurs embarras financiers.

Tous leurs anciens priviléges furent respectés. Ainsi l'avaient-ils demandé en plusieurs assemblées générales, tenues à ce sujet, à partir du mois de février 1364, et spécifié en vingt et un articles. Les communiers de Pontpoint se réservaient :

1° La jouissance de tous leurs marais, chaussées et pâtis ;
2° Le droit d'établir une grange dans leurs marais ;
3° Celui de prendre partout de la terre pour faire des planchers, du torchis et de la maçonnerie ;
4° Celui de vendre leur vin, sans payer de forage ;
5° Celui de garder leurs mesures au blé, à l'avoine, au sel, au vin, etc., sans être obligés de les étalonner autrement qu'aux étalons, conservés en leur maison commune ;
6° L'usage de leurs poids et balances ;
7° La faculté de cuire leur pain en leurs maisons, sans être astreints à user d'aucun four banal ;
8° La faculté d'établir des colombiers partout où bon leur semblerait ;
9° Le droit de chasser les bêtes au pied rond et les oiseaux sauvages ;
10° Le droit d'avoir des viviers, des routoirs et des cressonnières ;
11° Le droit de pâturage, dans les marais et pâtis, pour leurs bêtes et leurs oiseaux de basse-cour, sauf pour les pourceaux et les bêtes blanches, ou brebis, qui ne devaient aller que dans les chaussées seulement ;
12° La récolte des foins des marais et des pâtis et la coupe des épines pour faire des haies ;
13° La franchise de tout cens pour les terres, vignes et maisons qui n'avaient rien payé jusque-là ;
14° Le droit de faire moudre leur blé, avant les étrangers, aux moulins banaux, et même de porter leur grain à un autre moulin, si, pour avoir leur tour au moulin banal, il leur fallait

attendre plus d'un jour et une nuit, l'amende en cas de contravention ne devant pas dépasser cinq sous et le transport du blé, comme de la farine, restant à la charge du meunier ;

15° La faculté de s'assembler, comme auparavant, à la maison commune de Pontpoint ;

16° Le libre exercice de la justice en cette maison commune, ou à la pierre Saint-Gervais, comme le pouvait faire le maire au temps passé ;

17° La faculté de ne payer les cens et rentes qu'en la maison commune, l'amende en cas de retard étant fixée pour les communiers à 26 deniers parisis, et pour les étrangers ou forains à 7 sous 6 deniers ;

18° La faculté de ne porter leurs champarts qu'à la maison commune, ou à une distance égale ;

19° Celle de suivre l'ancien usage, pour faire les foins des prés le Roy ;

20° La liberté de ramasser de l'éteule, ou chaume, partout, après la Saint-Martin ;

21° Le recouvrement de leurs créances, pour en faire leur profit et liquider leur passif.

Les clarisses du Moncel ne firent aucune difficulté, pour accepter ces conditions. On les discuta en petit comité, au parloir de l'abbaye, le 17 juin 1364. L'abbesse, Béatrice de Praelle, s'y rendit accompagnée des sœurs Marguerite de Boulongne, fille du comte de Clermont, Isabeau de Flandres, Marguerite de Moreuil, Mahaut de la Neuville, trésorière, Aveline et d'autres encore. Elle était d'ailleurs assistée de Jean de Maguille, qui devait parler en son nom, et de deux autres conseillers, Oudart et Lycart. Pierre de la Porte, maire de la commune de Pontpoint, emmena avec lui, à cette réunion, les pairs et jurés et quelques habitants.

Le premier juillet 1364, eut lieu la séance solennelle, où fut définitivement conclu le traité de cession de la mairie de Pontpoint. Thibaut du Chauffour, sergent de la commune, était allé, de maison en maison, convoquer tous les habitants. Le maire Pierre de la Porte, les quinze pairs et jurés et soixante-sept habitants furent présents à cette séance. Les quatre-vingt-trois noms figurent au procès-verbal, autrement dit à l'acte de cession. Tous déclarèrent d'un commun accord « qu'ils délaissoient et transportoient aux religieuses du Moncel à tous jours mais, perpétuelment et sans rappel, leur commune et tous les droiz d'icelle, proffiz et esmolumens, cens, rentes, champars, dismes, revenus, molins, maisons, rouages, ventes et quelconques domaines, justice, seigneurie haulte moienne et basse (excepté trois cas, c'est assavoir rapt, murtre et eschet) franchises, libertés, bonnaiges, forfaictures et généralement tous droiz et prouffis, appartenans et appendans à la dicte commune, que le maire pers et juréz de la dicte commune povoient avoir au temps passé. » Les vingt et un articles, relatifs aux franchises communales, qu'ils entendaient conserver, furent approuvés l'un après l'autre. Robert Gaignet, garde du grand sceau de la prévôté de Pont-Sainte-Maxence, fit dresser par Hues le Frippier, clerc tabellion, l'acte qui en garantissait le maintien.

Il y fut bien stipulé, que les maire, pairs, jurés et habitants de Pontpoint resteraient quittes désormais, envers les religieuses, de tout ce qu'ils leur devaient ou pouvaient devoir d'arrérages de rentes ; qu'ils n'auraient à payer, que les dettes, contractées envers leurs autres créanciers, antérieurement au 17 juin de l'année courante ; et ne garderaient d'autre charge que celle des 40 livres de rente, constituées en 1258, au profit du trésorier de Saint-Frambourg.

Tous ces arrangements n'avaient de valeur qu'autant qu'ils obtiendraient la sanction royale. Charles V les ratifia, par charte donnée à Paris, le 16 juillet 1364 [1].

La commune de Pontpoint dura quarante-cinq ans de plus que celle de Compiègne. Elle céda, comme cette dernière, la place à une ancienne prévôté royale. Deux maires seulement ont laissé leurs noms dans les chartes : Gautier Bégers, qui en 1260, traitait avec le prieuré de Saint-Christophe-en-Halatte [2], et Pierre de la Porte, sous lequel la commune de Pontpoint fut cédée à l'abbaye du Moncel.

---

[1] Documents, n° V.
[2] A. *Vattier*. Cartulaire de Saint-Christophe-en-Halatte, p. 24.

Un troisième nous est connu par sa tombe, située dans le chœur de l'église Saint-Gervais de Pontpoint, du côté de l'épître. La pierre qui recouvre cette tombe était jadis fort belle. On y voit encore deux portraits gravés. Les deux personnages sont placés sous de riches arcatures, couronnées de gâbles avec des clochetons, et flanqués de petits anges qui tiennent des encensoirs. Le visage et les mains de ces personnages étaient en marbre. Les têtes ont été enlevées au ciseau. A droite on distingue un homme vêtu d'une longue robe à larges manches, dont les pieds reposaient sur un barbet. C'est Jean Mauguin, maire de Pontpoint, décédé le lundi 7 février 1334, comme le marque l'inscription suivante : *Ci gist Jehan Mauguin à ce temps, mère de Pompoin, qui trespassa l'an de grasse mil CCCXXXIII, le lundy devant Quercsme prenant. Prié pour l'âme de ly.* A gauche une femme tient ses pieds appuyés sur un roquet. C'est Perronnelle ou Pétronille, femme de Jean Mauguin, décédée longtemps avant son mari, le samedi 18 mars 1307. Son épitaphe portait : *Ici gist Perrounèle, jadis fâme du dit Jehan Mauguin, qui trespassa l'an de grasse mil CCCVI, la veille de Pasques Flourye. Pryé pour l'âme de ly.*

Cette tombe, usée par le passage des fidèles, est actuellement bien fruste. Il serait impossible de savoir à qui l'attribuer, si l'on n'y lisait encore en lettres onciales : « jadis fame de Jehan Mauguin, qui trespassa l'an de ... » Tout le reste est effacé. La partie inférieure de la pierre ne porte même plus trace de gravure. Il est heureux qu'une note annexée à une copie de l'acte de vente du 16 juillet 1364, conservée aux Archives de l'Oise, parmi les titres de l'abbaye du Moncel, nous en ait transmis l'inscription complète avec la description des portraits.

Parmi les quinze pairs et jurés de la commune de Pontpoint, en 1364, nous avons remarqué le clerc Jean le Vennier. Il ne survécut que deux ans à la vente de la mairie de Pontpoint. Sa tombe placée dans le chœur de l'église de Saint-Gervais, du côté de l'évangile, est mieux conservée que celle du maire Jean Mauguin. Il y est représenté debout sous une arcature tréflée, accompagnée d'un gâble, de crochets, de fleurons et de deux anges. A l'inscription en lettres onciales la date « l'an de grâce mil CCCLXVI » est presqu'entièrement effacée. Voici cette inscription, telle que la donne la note des Archives de l'Oise, dont nous venons de parler : *Ici gist Jehan le Vennier, clerc, qui trespassa en l'an de grâce mil CCCLXVI au mois de septembre. Priez que Diex bonne merci li face. Amen.*

DOCUMENTS

I

Privilèges accordés par la reine Adélaïde aux religieuses bénédictines de Saint-Remy de Senlis, pour leur maison de Pontpoint.

Senlis, 1153.

La reine Adélaïde exempte de toute redevance la maison que les bénédictines de Saint-Remy de Senlis possèdent à Pontpoint et accorde aux hôtes qui demeureront en cette maison la jouissance de tous les avantages qu'elle avait précédemment concédés aux communiers de Pontpoint.

Hec est quarta Adelaidis, Dei gratia, regina Francorum.
In nomine sancte et individue Trinitatis.
Ego Adelaidis, Dei gratia, regina Francorum. Notum sit omnibus ecclesie fidelibus, tam presentibus quam futuris, quod ego Adelaidis, regina, sanctimonialibus in ecclesia sancti Remigii, que in suburbio Silvanectensi sita est, Deo servientibus, quamdam mansuram, quam in villa, que Pompoin dicitur, possident, ex omnibus consuetudinibus ad nos pertinentibus, pro

---

[1] Cf. *Eugène Lefèvre-Pontalis. Notice archéologique sur l'église Saint-Gervais de Pontpoint*, dans les *Mémoires du Comité Archéologique de Senlis.* Année 1886, p. 118.

salute anime mee et filii mei, regis Ludovici, liberam fore concessimus; et omnes usus et consuetudines ville, quas hospites nostri habere noscuntur hospitibus in eadem mansura degentibus et in nemore et in plano concessimus.

Quod ut ratum et inconvulsum permaneat, pro scripto firmari et sigilli nostri auctoritate muniri, et subscriptorum testium nominibus corroborari precepimus.

S. Sansonis de Martyreio; S. Guillermi Buticularii; S. Balduini Flandrigene; S. Radulfi de Vico; S. Rogeri de Alneio; S. fratris Giraldi.

Quod si hospes vel eorum animalia in aliquo commiserint absque lege coripiantur.

Auctum Sulvanecti, anno ab Incarnatione Domini millesimo centesimo LIII°. Data per manum Ebroini, cancellarii.

(Original en parchemin, haut de 0 m. 34 c., large de 0 m. 25 c., aux archives du château de Roberval, Oise.)

II

Vente de la Mairie de Pontpoint à Hilduin, trésorier de Saint-Frambourg de Senlis.

Béthisy, 1182.

Philippe Auguste notifie qu'Hilduin, trésorier de Saint-Frambourg de Senlis, a acheté la Mairie de Pontpoint avec tous les droits utiles de cette Mairie, savoir trois setiers de grain, deux sous de cens, un demi-muid de vin, le fourrage, le hauton et tout le domaine, et qu'il a fondé en la collégiale de Saint-Frambourg deux obits, l'un pour le roi Louis le jeune, et l'autre pour lui-même, moyennant une rente de vingt sous, dont dix sous pour chaque obit, à prendre sur les revenus de sa trésorerie.

De Majoria Pupugnii.

[1] In nomine sancte et individue Trinitatis. Amen.

---

[1] Numeri uncis [] inclusi initium linearum notant.

Philippus, Dei gratia, Francorum rex. [2] Noverint universi presentes pariter et futuri quod magister Hylduinus, beati Franbaudi [3] thesaurarius emit majoriam Pupugnii, cum omnibus majoriam illam contingentibus, vide[4]licet tribus sextariis annone, duobus solidis de censu, dimidio modio vini farragine [5] et hautun et dominio illius majorie. Ita quod memoratus thesaurarius illam majoriam [6] sibi et ceteris in thesauraria ei succedentibus retinuit; sed in redditibus thesaura[7]rie, assensu nostro, canonicis beati Franbaudi assignavit et donavit XX solidos quos adqui[8]sivit, annuatim persolvendos, decem die anniversarii patris nostri, Ludovici, ob remedium [9] animé ejusdem, et decem die anniversarii memorati thesaurarii, magistri Hylduini; quos [10] denarios soli illi canonici et vicarii qui predictis intererunt anniversariis equaliter [11] recipient.

Actum apud Bestisiacum, anno ab Incarnatione Domini millesimo centesimo octogesimo secundo.

(Original en parchemin haut de 0 m. 163 millim., large de 0 m. 163 millim., aux Archives municipales de Saint-Gervais-Pontpoint. Le sceau en a été enlevé, mais les lacs de soie rouge y sont restés attachés.)

III

Renonciation par le trésorier de Saint-Frambourg à tous ses droits sur la Mairie de Pontpoint.

Creil, Mars 1258.

A la suite d'un différend, survenu entre la commune de Pontpoint et le trésorier de Saint-Frambourg, qui non content de percevoir tous les revenus de la Mairie de Pontpoint en revendiquait encore la justice et les amendes, ce dernier est amené en présence du roi à renoncer à tous ses droits sur la commune moyennant une redevance de 40 sous parisis, payables annuellement par les habitants de Pontpoint, à Saint-Frambourg, le quatrième dimanche de Carême.

Compositio facta inter thesaurarium Sancti Frambaldi et communitatem de Pompognio.

Universis presentes litteras inspecturis, major et homines communitatis de Pompognio, salutem. Notum facimus universis, quod cum orta esset materia questionis, inter venerabilem virum dominum G. de Garnoto, ecclesie sancti Frambaldi, Silvanectensis thesaurarium, ex una parte, et nos, ex altera, super eo videlicet quod cum dictus thesaurarius, nomine dicte ecclesie sancti Frambaldi haberet et possideret in dicta villa de Pompognio et in territorio circumadjacenti, super quibusdam possessionibus et masuris redditus possessiones [1], costumas, redibentias et jura que sequntur [2] : videlicet campipartagium, in ducentis septuaginta arpentis terre vel circa in dicto territorio de Pompognio [3] sitis et decimam in quinquaginta arpentis terre vel circa, site [4] (sic) in territorio quod vocatur les Groeles [5], et septem modios et quatuor sextaria vel circa vinagii super possessionibus nostris et etiam alienis assignati [6], et decem arpenta pratorum vel circa, sita inter dictam villam et Isaram [7] et duo arpenta vinearum vel circa sita apud sanctum Paternum, juxta clausum Dorel, et viginti et septem solidos et duos denarios vel circa census minuti in diversis possessionibus super nostris et alienis possessionibus assignatis [8] et vendas omnium rerum superius nominatarum; in quibus eciam omnibus supradictis, dicebat idem thesaurarius, nomine dicte ecclesie sancti Frambaldi, se habere justiciam omnimodam, dominium et emendas; nobis ex

---

[1] Possessiones. *Hoc verbum deest in carta Ludovici regis ejusdem anni quæ sequitur. Lectiones variantes in notis insertæ ad hanc cartam Ludovici regis attinent.*
[2] Secuntur.
[3] Ponpognio. *Sic semper in carta Ludovici regis.*
[4] Sitis.
[5] Groelles.
[6] Super possessionibus dictorum hominum et eciam aliorum assignati.
[7] Ysaram.
[8] Super possessionibus hominum predictorum et aliorum assignati.

adverso dicentibus justiciam et emendas predictas non ad ipsum thesaurarium spectare in aliquo, set ad nos omnimodo pertinere. Tandem dictus thesaurarius et nos in presentia domini regis, de bonorum consilio, devenimus in hanc amicabilem formam pacis [1]; videlicet quod nos pro nobis et heredibus sive successoribus nostris accepimus [2] a dicto thesaurario ad firmam perpetuam redditus, possessiones, costumas et redibencias supradictas [3] et jura que in premissis et in aliis locis, in dicta villa de Pompognio [4] circumadjacentibus, habebat et habuerat dictus thesaurarius usque modo a nobis et heredibus aut successoribus nostris in perpetuum [5] habenda et possidenda pro quadraginta libris parisiensibus annui redditus, predicto thesaurario et ejus successoribus pro tempore existentibus, vel eorum certo mandato, a nobis et heredibus sive successoribus nostris [6] apud Silvanectum in ecclesia sancti Frambaldi singulis annis dominica in media quadragesima, qua cantatur *Letare Jerusalem*, persolvendis, tali modo quod si nos vel heredes sive successores nostri deficerimus [7] in solucione dicte pecunie vel in aliqua parte ejusdem, ut dictum est, facienda, nos [8] predicto thesaurario et ejus successoribus redderemus [9] quinque solidos, nomine pene, pro qualibet die in qua, elapxo [10] (sic) termino, deficeremus [11] in solvendo. Quantum ad dictam [12] convencionem et omnia et singula que superius continentur facienda, tenenda et fideliter observanda, tam predictos reddi-

---

[1] Tandem predicte partes in nostra presentia, de bonorum consilio, in hanc formam pacis amicabilem devenerunt.

[2] Videlicet quod dicti major et homines pro se et heredibus ac successoribus suis acceperunt.

[3] Redibencias et costumas supradictas.

[4] Ponpognio.

[5] Ab eisdem hominibus, heredibus et successoribus eorumdem imperpetuum.

[6] Ab eisdem hominibus, heredibus et successoribus eorumdem.

[7] Si predicti homines, heredes sive successores eorumdem deficerent.

[8] Ipsi.

[9] Redderent.

[10] Elapso.

[11] Deficerent.

[12] Hanc.

tus et alia supradicta quam alia bona nostra¹ mobilia et immobilia, presencia et futura, dicto thesaurario et ejus successoriabus specialiter ² obligando et nos et heredes nostros ³, fide media fideliter astringendo et renunciando omni consuetudini et juri per quod possit dictus contractus quocumque modo dissolvi⁴. Condictum est etiam specialiter ⁵ et expresse quod nos ⁶ res predictas, quas a dicto thesaurario ad firmam accepimus⁸, nullo modo alienare poterimus ⁹ nisi alicui de nobis ¹⁰. Et si forte, processu temporis, contigeret ¹¹ dictam villam communitatem casu aliquo non habere, nichilominus nos nostrique successores predictam convencionem teneremur inviolabiliter observare, et bona nostra predicta et successorum nostrorum, tam mobilia quam immobilia, quantum ad premissa omnia fideliter observanda, supradicto thesaurario ejusque successoribus obligata manerent. In cujus rei testimonium et memoriam, presentes litteras sigillo communitatis nostre fecimus communiri.

Actum anno Domini millesimo ducentesimo quinquagesimo octavo, mense martio.

(*Original en parchemin, haut de 0 m. 38 cent., large de 0 m. 287 millim., aux archives municipales de Saint-Gervais-Pontpoint. Le sceau en a été détaché. Les attaches en soie rose sont seules restées.*)

---

1 Sua.
2 Totaliter.
3 Se et heredes suos.
4 Posset dictus contractus dissolvi.
5 Condictum eciam fuit specialiter.
7 Dicti homines.
8 Acceperunt.
9 Poterunt.
10 Ipsis.
11 Contingeret.

IV

Ratification par Saint-Louis de l'accord fait entre la commune de Pontpoint et le trésorier de Saint-Frambourg de Senlis.

Creil,   Mars 1258.

Reproduction de la pièce précédente et approbation royale.

Hec est compositio facta inter thesaurarium sancti Frambaldi et communitatem de Ponponnio.

Ludovicus, Dei gratia Francorum rex. Notum facimus universis, presentibus pariter et futuris, quod cum orta esset materia questionis inter dilectum clericum et fidelem magistrum, G. Carnotum, ecclesie sancti Frambaldi Silvanectensis thesaurarium, ex una parte, et majorem et homines communitatis de Ponpognio, ex altera, super eo videlicet quod, cum dictus thesaurarius, nomine dicte ecclesie sancti Frambaldi, haberet et possideret in dicta villa de Pompognio... *Et reliqua, ut in carta majoris et hominum communitatis de Pompognio de eadem ordinatione, eodem anno data, mutatis mutandis, præter sequentia :* Et si forte, processu temporis, contingeret dictam villam communitatem casu aliquo non habere, nichilominus ipsi homines et eorum heredes sive successores predictam conventionem tenerentur inviolabiliter observare, et bona eorundem hominum et heredum ac successorum suorum dicto thesaurario et ejus successoribus obligata manerent.

Nos autem predictam ordinacionem, sive pacem, prout superius est expressum, ad instanciam et requisicionem dictarum partium, volumus, concedimus, approbamus et auctoritate regia confirmamus, salvo in omnibus jure nostro ac eciam alieno.

Quod ut ratum et stabile permaneat in futurum, presentes litteras sigilli nostri fecimus impressione muniri.

Actum Credolii, anno Domini millesimo ducentesimo quinquagesimo octavo, mense marcio.

(*Original en parchemin long de 0 m. 41 cent., large de*

0 m. 325 mill. aux archives municipales de Saint-Gervais-Pontpoint. Le sceau royal en a été enlevé. Les lacs de soie rouge y sont restés attachés.)

V.

Vente de la Mairie de Pontpoint à l'abbaye du Moncel.

Paris, 16 juillet 1364.

Contract, faict en forme de transaction, entre les religieuses du Moncel et les habitans de Pompoinct, faisant mention des droicts à eulx appartenans audict Pompoinct.

Mil IIIe LXIIII.

A tous ceulx qui ces présentes verront ou orront, Guillaume Mites, prestre, garde de par le roy, nostre sire, du grant seel de la prévosté de Pont-Sainte-Maixence, et Symon le Bel, clerc tabellion juré et garde du seel du tabellionnaige de la dicte prévosté, salut. Sachent tuit que nous, l'an de grâce mil trois cens quatre vins et trèze, le septiesme jour d'octobre, veismes, teneismes et leusmes mot à mot unes lettres seellées du seel du Chastellet de Paris, contenans la fourme qui s'ensuit :

A tous ceulx qui ces lettres verront, Jehan Bernier, chevalier le roy nostre sire, garde de la prévosté de Paris, salut. Savoir faisons que nous, l'an de grace mil trois cens soixante et quatre, le mercredi vint quatre jours du mois de juillet, veismes unes lettres du roy, nostre sire, en laz de soye, et seellées de cire vert, contenans la fourme qui s'ensuit :

Charles, par la grâce de Dieu, roy de France, savoir faisons, à tous présens et à venir, nous avoir veu unes lettres, scellées des seaulx de la prévosté de Pont-Sainte-Maixence, contenans la fourme qui s'ensuit :

A tous ceulx qui ces présentes lettres verront ou orront, Robert Oaignet, garde de par le roy, nostre sire, du grant seel de la prévosté de Pont-Sainte-Maixence, et Hue le Lermier, clerc, tabellion juré et garde du seel du tabellionnaige de la dicte prévosté, salut. Sachent tuit, que, par devant nous vindrent et comparurent, présens en leurs personnes propres, le maire pers et juréz de la commune de Pompcing et les habitans d'icelle, pour ce spécialment appeléz de huis en huis par Thiebaut de Chauffour, sergent de la dicte commune, qui le tesmoigna avoir faict, et pour ce espécialment assembléz, c'est assavoir honorable homme et saige maistre, Pierre de la Porte, maire, Regnault de Merleu, Jehan du Vivier, Pierre de Lesir, Robert le Clerc, Berthaut Bestot, Jehan Piat, dit Gouvier, Jehan Bouquet, Simon le Fruictier, Jehan le Sauvaige, Jehan Hémart, Hue Arrive, Wale de Sacy, Simon Frémin, Jehan Minguet, Jehan le Vennier, clerc, pers et juréz, Estienne le Sauvaige, Robin le Sauvaige, Regnault de la Chiese, Jehan le Leu, Jehan Leullier, Thiebaut Piat, Jehan Berthemil, Guillot le Wassonnier, Jehan le Boutier, Oudot Congnet, Jehan le Cochu, Estienne l'Eschaufé, Oudin le Maçon, Thiebaut de Chauffour, Adam le Tellier, Berthaut de Roches, Jehan Cirot, Thomas Aier, Jehan Pochart, Nicaise Luillier, Richart Turte, Nicaise Boullet, Jehan de Sacy, l'ainsné, Gilot le Bailli, Jehan le Cousturier, Perrin Bernier, Guillaume Guessuin, Jehan le Vennier, de Mainbertin, Simon de Guigny, Philippe le Vennier, Jehan Gouvert, dit le frère, Jehan Cailler, Simon le Sac, Enguerran le Monnier, cordouennier, Jehan Covet, Jehan du Bruille, Jehan Guessuin, Simon du Creux, Oudart Mélart, Gautier de Mercy, Pierre Minguet, Jehan Delle, gantier, Jehan Ozonne, Pierre Ancel, dit l'ermite, Jehan Fouace, Berthaut Piot, Michault Leullier, Oudin Acquelle, Drouet Cirot, Jehan le Sesne, Thomas de Chauffour, Jehan Canon, Jehan le Cochu, l'ainsné, Jehan de Moinviller, Jehan de Saintyon, Jehan le Maçon, Jehan du Solier, Drouet du Pont, Perrin Sézille, Johan Putier l'ainsné, Johan Simelant, Jehan Roussel l'ainsné, Jehan le Wassonnier, Jehan Aier, Jehan Roussel le josne, Colin le Sauvaige et Berthaut d'Estrains, tous demourans et habitans de la dicte ville et faisans la plus grant et la plus saine partie d'icelle, voire le tout ou bien près, si comme les dessus nommés disoient, recognurent et confessèrent de leurs pures et bonnes voulentés, non contrains, ou nom de la dicte commune et de la communalté d'icelle ville et des singuliers habitans d'icelle, présens et à venir, et pour tant que ce leur touche et puet toucher, que pour les très grans proffis d'iceulx habitans, présens et à venir, pour la commune et communalté d'iceulx, considéré toutes les choses qui faisoient à considérer en plusieurs traictiés et délibéracions et diligence qu'ils avoient entreulx en pluseurs assemblées généraulx de tous les diz habitans, faictes sur ces choses espécialment, ils avoient déterminé et délaissé, discerné les traictiéz accors et convenances, dont mencion sera faicte ci-après, estre prouffitables et nécessaires à faire avecques quelconques personnes que ce feust, confessèrent oncores, que pour les causes et ès noms que dessus, ils avoient traictié et accordé et convenancié avecques religieuses dames et honnestes, l'abbéesse et couvent du Moncel lez Pont-Sainte-Maixence les choses qui s'ensuivent, ou cas toutes voies que il plairoit au roy, nostre sire, et non autrement. C'est assavoir que les diz maire, pers et jurez et les diz habitans, ou nom de la dicte ville et commune et des habitans d'icelle, présens et à venir, et pour eulx, avoient délaissié, transporté, et par devant nous délaissèrent et transportèrent aux dictes religieuses à tous jours mais, perpétuelment et sans rappel, la dicte commune, tous les droiz d'icelle, proffiz et esmolumens, cens, rentes, champars, diomes, revenus, molins, maisons, rouages, ventes et quelconques domaines, justice seigneurie haulte moienne et basse, — excepté trois cas, c'est assavoir rapt, murtre et eschet, — franchises, libertés, bonnaiges, forfaictures et généralement tous droiz et prouffis appartenans et appendans à la dicte commune, dont le maire pers et jurez de la dicte commune povoient avoir, ou temps passé, et pouroient avoir ou temps à venir, tant sur les habitans d'icelle ville et ou terrouer d'icelle, comme sur quelconques autres et en quelconques lieux, à avoir, tenir, possesser, joïr, lever et exploicter par les dictes religieuses qui à présent sont et ou temps à venir seront ou par ceulx qui d'elles auront cause, sans aucune chose retenir pour les diz maire et jurdz, ne pour les habitans d'icelle ville, en tous les droiz qu'ils avoient en la dicte commune, excepté les choses ci-après desclairées :

I. C'est assavoir que ils retiennent tous les marés, cauchies et pastis, tant en la montengne comme en rivière par toute la dicte commune, pour tous les aisemens qui en ce puent estre;

II. Item les diz habitans puent et pourront fouir une grange en parfont en leurs diz marés, pour marescher et mectra en leurs masures, partout où il leur plaira;

III. Item les diz habitans pourront prenre terre ès diz pastis, tant en montengne, comme en rivière, si parfont comme il leur plaira et que bon leur semblera, pour plancher ou faire plancher, pour torcher ou maçonner et faire toutes autres nécessités ès mettes d'icelle commune;

IV. Item les diz habitans vendront et pourront vendre vin, sans prenre congié et sans paier aucun foraige;

V. Item les diz habitans et chacun d'eulx pourront avoir en leurs maisons, se il leur plaist, mesures à blé, aveine, sel et tous autres grains et à vin et en pourront user et (sic) icelles mesures, toutes foiz que il leur plaira, sans contredit et sans icelles estalonner ou prendre congié, mais que elles soient justes selon les mesures de quoy l'en a usé du temps passé en la dicte commune, auxquelles l'en pourra avoir recors en cas doubteux, et sont en la maison nommée la maison de la ville;

VI. Item les diz habitans et chacun en droit soy pourront avoir balances et pois pour peser toutes manières de denrées à leur maison toutes fois qu'il leur plaira, sans prenre congié aux dictes dames; mais que les pois et balances soient justes et raisonnables;

VII. Item les diz habitans, chacun en droit soy, pourront cuire pain, partout où il leur plaira, et chacun avoir un four en sa maison, se il lui plaist, car en la dicte ville n'a point de four bennier;

VIII. Item les diz habitans, et chacun en droit soy, pourront avoir et édiffier, en leur lieu ou lieux, un ou pluseurs coulombiers, mouvans de terre ou autrement, selon ce que bon leur semblera et toutes fois qu'il leur plaira;

IX. Item les diz habitans, chacun en droit soy, ou enssemble, se il leur plaist, pourront prenre toutes manières de bestes au pié ront, ès termes de la dicte commune, et tendre fillé et tous autres harnois et tous oiseaux sauvaiges à lignes, à fillés, ou à autres engins, car ainsy en ont-ils usé;

X. Item les diz habitans et chacun en droit soy poura faire sur son héritaige vivier, rotouor, cressonnières et fossés, comme il leur plaira, sans préjudice commun ou publique;

XI. Item les diz habitans et chacun d'eulx pourront faire paistre ès diz pastis et marés, tant de nuit comme de jour, bestes et oiseaulx, tant comme il leur plaira, excepté pourceaux et bestes blanches, qui pourront aler ès cauchis, et soier et fouer en iceulx pastis et marés herbes, et faire leur proffit;

XII. Item les diz habitans et chacun d'eulx pourront couper ou faire couper espines pour clorre et faire haies et tout ce que bon leur semblera par toutes les terres d'icelles dames, sans aucun contredit, ni amende;

XIII. Item en la dicte commune et ès termes d'icelle a pluseurs héritaiges, tant prés comme terres gaignables, vingnes, maisons et masures, et comme aulnois, qui ne doivent ne cens ne rentes ne aucunes reddevances, mais que tant seulement ventes et saisines qui demouront en cest estat;

XIV. Item les diz habitans seront benniers aux moulins qui sont et ont esté et seront en la dicte commune et ès appartenances à icelle, et seront délivréz de mousture auxdiz moulins, devant tous autres forains qui n'auroient pas paravant engrené, et selon l'ordre que il vendront aux diz moulins, et atenront les dictes religieuses tant desdiz molins que les diz benniers puissent estre servis et que leur blé puist estre molu à l'un d'iceulx moulins dedens un jour et une nuit; se il y avoit deffaute, qu'ils puissent aler ailleurs; et se de voulenté, et sans la cause dessus dicte, aucuns desdiz habitans aloyent ailleurs moldre, et se en ce ils estoient prins, ils paieroient pour amende cinq soulz parisis et non plus, et la mousture au monnier; et aussi seront tenus les monniers desdiz molins de avoir chevaulx, jumens ou asnes, pour amener le blé desdiz benniers auxdiz moulins et pour ramener leurs férines en leurs maisons;

XV. Item la maison commune de la dicte ville est et sera aux dictes religieuses; mais les diz habitans quant ils auront causes d'eulx assembler pour aucune cause raisonnable se y pourront retraire et assembler par congié des dictes religieuses sans contredit que on leur puist en ce mectre;

XVI. Item ceulx qui tenront ou excerceront la juridiction des villes de la dicte commune la tenront et excerceront communément et régullèrement en la dicte maison de la dicte commune, ou à la pierre Saint-Gervais, en la manière que le maire le faisoit ou povoit faire, ou temps passé;

XVII. Item que les dictes religieuses ou autres pour elles recevront les cens et les rentes qui deuz leur seront, pour cause de la dicte commune, en la dicte maison de la ville, aux jours qu'il seront deuz, et ne seront lesdiz habitans tenus de porter ou paier leurs diz cens ailleurs qu'en la dicte maison : et se aucuns des diz habitans défailloient de paier leurs diz cens, ils paieront, pour l'amende, vint et six deniers parisis et les forains sept soulz six deniers parisis;

XVIII. Item les diz habitans ne seront tenus de porter ou faire porter ou mener les champars, que ils doivent, ailleurs que en la dicte maison de la ville, ou ailleurs, aussi près des lieux où ils seront deuz, comme est la dicte maison;

XIX. Item les diz habitans seront tenus de affenéz les prés le Roy, en la manière qu'il est acoustumé du faire;

XX. Item depuis la Saint-Martin d'iver, chacun pourra aller querre des esteulles, partout où il en pourra trouver es mectes de la dicte commune, se par justice le terme n'est alongiéz;

XXI. Item les diz habitans retiennent toutes les debtes qui deues leur sont du temps passé pour cause de la dicte commune, pour icelles poursuir et tourner à leur proffit, et pour payer les debtes acreues qui doivent, à cause de la dicte commune. Et par ce que dessus est dit, les diz habitans demourront quictes, envers les dictes religieuses, pour tout le temps passé, et seront tenues les dictes religieuses, à payer dores en avant toutes les debtes et chargez annuelles que la dicte commune puet devoir, en quelque manière que ce soit, et de ce acquicter les diz habitans, excepté quarante livres parisis, deuz chacun an au trésorier de Saint-Frambout, le jour de la Mi-Caresme, que les diz habitans paieront, chacun an, audit trésorier, en la manière qu'il a esté acoustumé, et de ce délivreront et acquicteront les dictes religieuses ; et demourront quictes lesdiz

maire pers et juréz et habitans envers les dictes religieuses
de tout ce qu'ils leur devoient et povoient debvoir des arréraiges de certaine rente annuelle, que les dictes religieuses
prenoient sur la dicte commune ; et ils paieront toutes autres
debtes et arréraiges de rente que la dicte commune doit à
quelconques autres personnes, de tout le temps passé, jusques
au lundi dixseptiesme jour de juing, cest an présent, et aussi
paieront touz jours, de ci en avant, les quarante livres de
rente annuelle et perpétuelle, deue sur la dicte ville au dit
trésorier de Saint-Framboust de Senlis, le jour de la Mi-Caresme, portéz à Senlis, en paine de cinq soulz parisis, pour
chacun jour qui en deffaudroit de paier la dicte somme au dit
jour ; et de tout ce temps des debtes et arréraiges, comme de
la dicte rente de quarante livres pour le temps avenir, et de
toutes paines et dommaiges qui s'en pourroient ensuir, les
habitants de la dicte ville présens et à venir, acquicteront et
desdommaigeront les dictes religieuses et celles qui d'elles
auront cause, envers tous et contre tous ; et les dictes religieuses, pour le temps et termes à venir, paieront les autres
charges et rentes annuelles et perpétuelles que la dicte commune doit, et en acquicteront et desdommaigeront les diz habitans, excepté la dicte rente de quarante livres que les diz
habitans paieront comme dit est.

Et pour euls demectre et dessaisir de la dicte commune, de
tous les droiz, appartenances et appendances d'icelle, et pour
faire saisir et revestir les dictes religieuses par le roy, nostre
sire, et par quelconque autre personne à qui il appartendra, et
pour promectre et obligier les dessus diz à tenir et acomplir
toutes les convenances ci contenues, les diz maire pers et juréz
et habitans firent ordrenèrent et establirent leurs procureurs
généraulx et messaigers espéciaulx le dit maistre Pierre de la
Porte, maire, le dit Berthaut Bestot, le dit Pierre de Lesir et
le dit Oudart Mélart, tous enssemble et chacun par soy et pour
le tout, sans rappel, ausquieulx ils donnèrent povoir, auctorité
et mandement espécial de ce faire, promectans les diz maire
pers et juréz par leurs foy et sermens et sur l'obligacion de
tous leurs biens, meubles et non meubles, présens et à venir,
avoir et tenir pour agréable et entériner et acomplir toutes les

choses dessus dictes et chacune d'icelles sans riens faire venir encontre par eulx, ne par autres, en quelconque manière que ce soit, et à avoir et tenir ferme estable et agréable tout ce qui par leurs diz procureurs, ou par l'un d'eulx pour le tout, sera fait, dessaisi, résigné et accordé en toutes les choses dessus dictes et en chacune d'icelles et ès despendances et à rendre et bailler et délivrer aux dictes religieuses toutes les chartres, lettres, rolles et papiers que ils ont devers eulx, touchans les choses dessus dictes, et à rendre tous cousts, frais et despens, qui seroient fais et encourus, par deffaut des choses dessus dictes enteriner et acomplir, ou d'aucunes d'icelles, ou pour venir ou estre venu encontre et que depuis le commencement des traictiés dessus diz, qui commencèrent dès le commencement de février derrain passé, ils ne ont fait, ne ne feront, de ci en avant, aucune chose, par quoy l'estat des dictes religieuses soit empiré, print pour le temps à venir que il eust esté, se les diz traictiés eussent esté acomplis dès ledit commencement; et renoncèrent en ce fait lesdiz maire, pers et jurez et habitans par leur diz foy et serment espécialement et expressément à toutes exceptions de fraude, de malice, de cautelle, de barat, de erreur, d'engin et de décepcion de circonvencion, à tous prévilèges, franchises, libertés, status, us, coustumes, et ordenances de ville, de pays et de lieux, ad ce qu'ils puissent dire, ou leurs successeurs ou temps à venir, plus ou mains estre contenu et escript en ce présent traictié, que ils n'avoient cognu et accordé, à tous droiz escrips et non escrips, généralement, closement et entièrement, à toutes allégacions, cavillacions, vaines raisons et deffenses tant de fait et de droit, comme de us et de coustume, qui contre la teneur de ces lettres pourroit estre dit et proposé, et mesmement au droit disant générale renonciation non valoir.

En tesmoingn de ce, nous avons seellé ces lettres des seaulx dessus diz. Ce fut fait l'an de grace mil trois cens soixante et quatre, le lundi premier jour du mois de juillet.

Et pour ce, nous, pour contemplacion des dictes religieuses, et affin d'augmenter leurs rentes et revenus, et que elles soient plus entrentives et dévotes, à faire le divin service, en leur église, en consideracion aux raisons qui ont meu les dictes parties, à faire les choses dessus dictes, et que de nos prédécesseurs, les dictes religieuses sont fondées, et que de toutes leurs rentes et revenus nous sommes propriétaires, ayons fait, par nostre amé et féal chancelier, recevoir la dómission et dessaisine des choses dessus dictes, faictes par Pierre de Lezy et Berthaut Bestot, présent procureurs sur ce de la dicte commune, et ayons saisi et par ces présentes saisissons messire Jehan Seme[1] prestre procureur des dictes religieuses pour et ou nom d'icelles, et les dictes lettres avec toutes les choses et chacune contenues en icelles ayans agréables, icelles par ces présentes, de certaine science, de grace espécial et de nostre auctorité royal, loons, approuvons, rattiffions et confermons, et voulons et nous plaist que les dictes religieuses en usent et joissent à leur proffit, comme de leurs autres rentes et revenus, soubz les condicions dessus dictes, et de plus habondante grace, pour ce que par les prévilèges de la fondacion des dictes religieuses, nous sommes propriétaires de tous leurs biens, comme dit est, et n'y ont que ussuffruict, et sont demenées toutes leurs causes par nostre procureur, en nostre nom et à nos despens, par devant nostre bailli de Senlis, leur juge, seul depputé perpetuelment, il nous plaist et voulons et, par ces

---

1. « Messire Jehan Sème, prestre chappellain et procureur de religieuses dames et honnestes, l'abbesse et couvent du Moncel lez Pont-Sainte-Maixance, le pénultime jour d'avrilg après Pasques l'an mil trois cens soixante dix huit, a donné à l'église du Moncel à tous jours perpétuelment IIII^{xx} et ung arpens de terre et XXV arpens de pré au terroir de Pompoing, — et une maison à Pont-Sainte-Maixance, tenue du roy, nostre sire, séant devant le plaidoyer dudit seigneur, tenant à Robin le Péletier d'une part et à Jaquet le Paveur, d'autre part, louée chascun an cent soulz parisis, laquelle est chargée chascun an à ladicte église de XIIII soulz parisis de rente de leur assiette tant seulement, — et quatre-livres et six soulz parisis pour faire une pitance au couvent d'icelle église le jour de saint Jehan en may et pour dire chascun an une messe solempnelle audit jour devant Monsieur saint Jehan et à son autel. »

« Honorable homme et sage Sicquart le Barbier, baillif de Pompoing de par le roy », fut chargé de « saisir et vestir » de ces biens les clarisses du Moncel.

Le 11 mars 1379 (1380 n. s.), on délivrait les legs inscrits au testament de Jean Sème.

(Archives de l'Oise, Abbaye du Moncel, Pontpoint).

présentes, ordonnons et octroions aux dictes religieuses, que la juridiction de la dicte ville et appartenances de Pompoing soit gardée et gouvernée au proffit des dictes religieuses de par nous, comme juridiction royal, soubz le ressort du bailli de Senlis, sans moien, nonobstant que, par avant, le prévost de Pont-Sainte-Maixence ait esté moien, et que, tant en cas d'appel, comme en tous autres, celui qui gardera et exercera la dicte justice soit tenu et réputé comme juge roial, et ne soit autrement contrains à amendes ne autres choses, que noz prévosts et autres juges, excerceans la juridiction de nostre plein demaine.

Si donnons en mandement à touz noz justiciers et subjez, que de nostre présente grace et octroy facent et laissent joir et user les dictes religieuses, sans léser, ne souffrir estre fait empeschement aucun. Et pour ce que ce soit ferme chose et estable à touz jours, nous avons fait mectre nostre seel, à ces présentes lettres, sauf nostre droit en autres choses, et l'autrui en toutes.

Donné, à Paris, le XVI*ème* jour de juillet, l'an mil trois cens soixante et quatre.

Ainsi signé : Par le roy,

FRANÇOIS.

Et nous, à ce présent transcript, avons mis à ces lettres le seel de la prévosté de Paris, l'an et le jour premiers dessus diz.

En tesmoingn de ce, nous avons seellé ce présent *Vidimus* des seaulx de la dicte prévosté de Pont. Ce fu fait, l'an et le jour premiers dessus diz.

Ainsi signé sur le reply : LE BEL.

Collation, faite à l'original, auquel ont estéz attachéz autrefois deux seaulx sur double queue.

(*Original aux Archives de l'Oise. Fonds de l'abbaye du Moncel.* PONTPOINT).

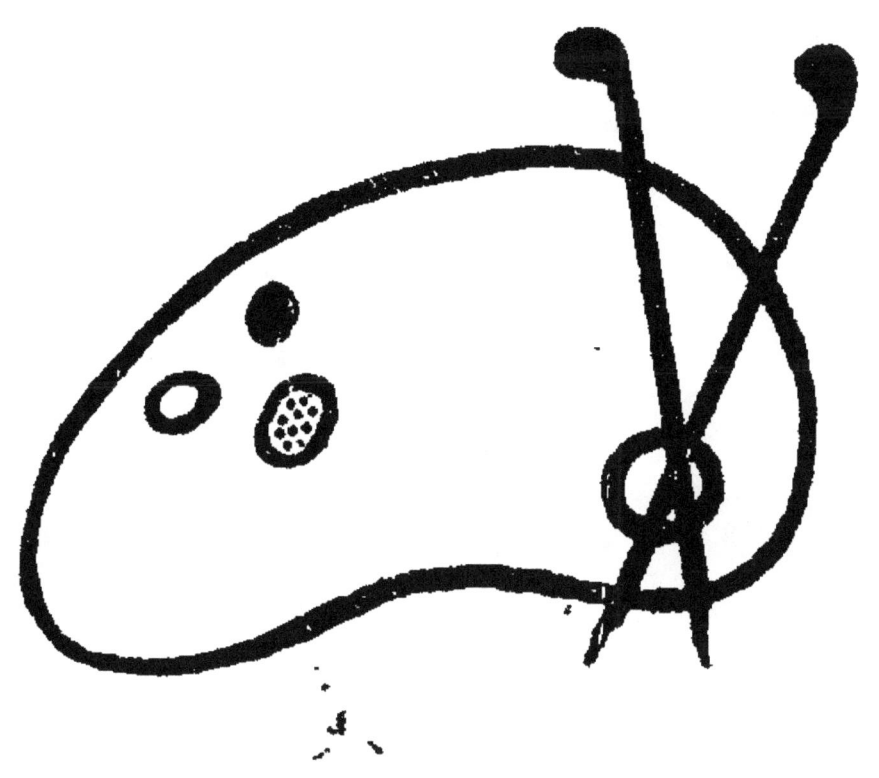

Original en couleur
NF Z 43-120-8

www.ingramcontent.com/pod-product-compliance
Lightning Source LLC
Chambersburg PA
CBHW060920050426
42453CB00010B/1841